GÜNTER BEER · PATRIK JAROS

VERDURAS

GÜNTER BEER · PATRIK JAROS

VERDURAS

Recetas para preparar y saborear todos los días

Copyright © (2012) de la edición en español:

Parragon Books Ltd
Queen Street House
4 Queen Street
Bath BA1 1HE, Reino Unido

Traducción del alemán: Pepa Cornejo Parriego para LocTeam, Barcelona
Redacción y maquetación de la edición en español: LocTeam, Barcelona

ISBN 978-1-4454-6863-1
Impreso en China • Printed in China

Nota para el lector:
Todas las cucharadas utilizadas como unidad son rasas: una cucharadita equivale a 5 ml y una cucharada
a 15 ml. Si no se indica lo contrario, la leche que se utiliza en las recetas es entera; los huevos y las
hortalizas, como por ejemplo las patatas, son de tamaño mediano, y la pimienta es negra y recién molida.

Los tiempos de preparación y cocción de las recetas son aproximados, ya que pueden variar en función
de las técnicas empleadas por cada persona y según el tipo de horno o fogón utilizados.

Las recetas que incluyen huevos crudos o poco hechos, pescado crudo o marisco no son
recomendables para niños, ancianos, embarazadas, personas convalecientes o enfermas. Se aconseja a
las mujeres embarazadas o lactantes no consumir cacahuetes ni derivados. Algunos de los productos ya
preparados de las recetas pueden contener frutos secos, algo que deben tener en cuenta las personas
alérgicas a estos alimentos. Consulte siempre las indicaciones del envase antes de usarlo.

Los restos de la comida se deben guardar siempre en la nevera y antes de consumirlos examinar
cuidadosamente si son aprovechables. Nunca se deben tratar de aprovechar los alimentos estropeados.
Todas las recetas de este libro han sido revisadas, cocinadas y probadas con esmero.

El español tiene tal diversidad y riqueza que la editorial ha decidido emplear el lenguaje más neutro
posible con el fin de ser comprendido por el mayor número de lectores. Cuando el término empleado
difiere enormemente según la región, se incluyen sinónimos en la lista de ingredientes.

tabla **de** equivalencias

Las equivalencias exactas de la siguiente tabla han sido redondeadas por conveniencia.

medidas de líquidos/sólidos

sistema imperial (EE.UU.)	sistema métrico
1/4 cucharadita	1,25 mililitros
1/2 cucharadita	2,5 mililitros
3/4 cucharadita	4 mililitros
1 cucharadita	5 mililitros
1 cucharada (3 cucharaditas)	15 mililitros
1 onza (de líquido)	30 mililitros
1/4 taza	60 mililitros
1/3 taza	80 mililitros
1/2 taza	120 mililitros
1 taza	240 mililitros
1 pinta (2 tazas)	480 mililitros
1 cuarto de galón (4 tazas)	950 mililitros
1 galón (4 cuartos)	3,84 litros
1 onza (de sólido)	28 gramos
1 libra	454 gramos
2,2 libras	1 kilogramo

temperatura del horno

Fahrenheit	Celsius	gas
225	110	1/4
250	120	1/2
275	140	1
300	150	2
325	160	3
350	180	4
375	190	5
400	200	6
425	220	7
450	230	8
475	240	9

longitud

sistema imperial (EE.UU.)	sistema métrico
1/8 pulgada	3 milímetros
1/4 pulgada	6 milímetros
1/2 pulgada	1,25 centímetros
1 pulgada	2,5 centímetros

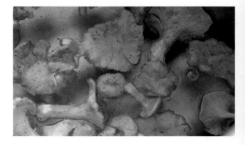

Índice

Introducción

Las aromáticas verduras son clave en una alimentación sana y equilibrada. Contienen numerosas vitaminas, minerales y fibras, y apenas grasa. Se encuentran, además, entre los ingredientes de la cocina más diversos y pueden ser la base de interminables y variados platos. Resultan deliciosas tanto cocidas como fritas, asadas, al vapor o crudas.

Al comprarlas, asegúrese de adquirir verdura de temporada, ya que esta es especialmente fresca y rica en nutrientes. La verdura congelada, que se congela justo después de ser recogida, es una buena alternativa a los productos frescos. Lo ideal es que compre siempre pequeñas cantidades para evitar tiempos de almacenamiento prolongados. Solo la verdura fresca es realmente aromática. No se debe cortar o pelar con demasiada antelación antes de cocerla, ya que, al exponerse a la luz o sumergirse en agua, pierde importantes nutrientes. En muchas variedades, la mayor concentración de vitaminas se halla directamente bajo la piel. Por este motivo, trate de pelarla lo más fina posible. Para ello merece la pena invertir en un pelador de patatas. Existen diversos métodos de cocción para las distintas clases de verduras. Así, por ejemplo, la verdura de raíz, más bien robusta, es menos delicada que las finas hortalizas de tallo. De igual modo, unas deben servirse al dente y otras,

en cambio, muy hechas. En la página 9 encontrará una tabla con los tiempos de cocción necesarios para cada uno de los tipos de verdura.

A tenor de las propiedades que guardan en común, las verduras se clasifican en grupos. Las siguientes son las categorías más importantes:

Verduras de fruto

A esta categoría pertenecen, entre otros, los tomates, los pimientos, las berenjenas, los aguacates, los pepinos, las calabazas y los calabacines. Estas verduras son en realidad frutas desde un punto de vista botánico, ya que contienen semillas. Sin embargo, se suelen cocinar como verduras dentro de platos salados. Su contenido de vitaminas, minerales y fibras es alto, apreciado en su brillante color, que confiere a cada plato un maravilloso aspecto. Al comprarlas, asegúrese de que estén maduras, pero firmes, y que la piel no esté estropeada. Se pueden saltear, cocer al vapor, asar o estofar. Los tomates, pepinos, pimientos y aguacates son ingredientes de ensalada clásicos y, por lo general, se emplean crudos.

Verduras de hoja verde

A esta categoría pertenecen, entre otras, las lechugas, espinacas, coles, acelgas y endibias. Antes de utilizar estas hortalizas, lávelas a fondo bajo el chorro de

agua fría para eliminar posibles restos de tierra y arena. Al comprarlas, asegúrese de que las hojas no hayan adquirido un tono marrón-amarillento o estén marchitas. Conviene prepararlas inmediatamente después de comprarlas y no almacenarlas más de dos días en el frigorífico. Tenga en cuenta también que, al cocerlas, sus hojas se consumen mucho, de modo que al final queda solo una pequeña cantidad del volumen inicial. Se cuecen con relativa rapidez y pueden servirse salteadas, rehogadas y cocidas, así como crudas en ensaladas.

Legumbres

A esta categoría pertenecen, por ejemplo, las alubias, las lentejas y los guisantes. Contienen muchas proteínas, carbohidratos, minerales y fibras, y conforman una muy buena base para numerosos platos, en especial los vegetarianos. Las alubias y los guisantes frescos pueden cocerse brevemente en agua hirviendo o rehogarse en una sartén. Ponga en remojo las legumbres secas durante la noche y cocínelas al día siguiente.

Coles

A esta categoría pertenecen, entre otras, la coliflor, el brécol, la col de Bruselas, el pak choi, la col china, la lombarda y el repollo. Las coles son ricas en vitaminas, minerales y fibras. Al comprarlas, asegúrese de que no presenten marcas o descoloramiento. Por lo general tienen un aroma intenso. Este se intensifica cuanto mayor es el tiempo de cocción; por tanto, no las cueza demasiado ya que acaban resultando poco apetecibles.

Verduras de bulbo

A esta categoría pertenecen, entre otros, la cebolla, el chalote, el ajo, la cebolleta, el puerro y el cebollino. Tienen un sabor muy intenso y confieren a muchos platos un sabroso aroma. Al comprarlas, asegúrese de que las cebollas, los chalotes y los ajos estén cubiertos de una capa de piel seca y de

que no se hayan formado brotes nuevos. Los extremos de los puerros y las cebolletas deberían presentar un bonito color blanco y sus hojas un verde brillante, nunca marchitas.

Verduras de tallo

A esta categoría pertenecen, entre otros, el espárrago, el hinojo, el apio y la alcachofa. Sus tiempos de cocción varían mucho entre sí. Al comprarlas, asegúrese de que no presenten descoloramiento y que estén bien crujientes. Se pueden servir cocidas, hervidas, al vapor, salteadas o estofadas, y quedan estupendas asadas al horno.

Verduras de raíz y tuberosas

A esta categoría pertenecen las variedades de verduras que crecen bajo la tierra como, por ejemplo, la patata, la zanahoria, el nabo, la chirivía y la remolacha. Son muy apreciadas y, en cuanto a sabor, son las más variadas. Aportan consistencia y aroma a sopas, cocidos y asados. Contienen muchos nutrientes e hidratos de carbono que proveen al cuerpo de la energía necesaria. Al comprarlas, asegúrese de que estén firmes y no descoloridas. Son crujientes y, al cocerlas, adquieren un agradable sabor dulce. Se pueden servir hervidas, al vapor, cocidas, estofadas o asadas al horno.

Cómo interpretar este libro de cocina

Salvo que se indique lo contrario, las cantidades especificadas en las recetas están pensadas para 4 personas.

1 diente de ajo

4 cucharadas de aceite de oliva virgen extra

1 cucharadita de sal, una pizca de pimienta

900 g de tomates

2 ramitas de romero

250 g de mozzarella

4 rebanadas de pan de molde seco

Gratinado de tomates con romero y mozzarella

1. Frote una fuente refractaria grande con el ajo, vierta 1 cucharada de aceite y salpimiente.

2. Pele los tomates (ver el consejo) y córtelos en rodajas de ½ cm. Colóquelos por capas en la fuente y salpimiéntelos.

3. Separe las hojas de romero y píquelas finamente. Corte la mozzarella por la mitad y luego en rodajas. Retire la corteza del pan; ralle la miga o tritúrela con la batidora o el robot de cocina. Reparta la mozzarella de forma homogénea entre las rodajas de tomate y espolvoréelo todo con romero.

4. Distribuya el pan rallado por encima del gratinado y rocíelo con el resto del aceite. Introduzca la fuente unos 30 minutos en el horno precalentado a 190 °C.

5. El gratinado de tomate estará listo en cuanto el pan se haya dorado. Sírvalo en la misma fuente.

■ Para pelar los tomates, quíteles el pedúnculo, marque una cruz en la piel con un cuchillo y métalos durante 1 minuto en agua hirviendo. Tan pronto como la piel comience a soltarse, sáquelos, enfríelos en agua helada y pélelos.

✳✳✳ 50

Grado de dificultad: los asteriscos indican el grado de dificultad: uno, si la receta es sencilla; dos, si tiene dificultad media, y tres si es complicada.

Tiempo de elaboración: la cifra que aparece en la esquina inferior izquierda de la página indica el tiempo de preparación aproximado en minutos.

Sugerencias: aquí encontrará cómo complementar o modificar las recetas, consejos de uso o las posibles combinaciones con otros platos.

Formas de cortar las verduras

Bastones: tiras anchas, pero delgadas, de aproximadamente 1 cm de ancho y 5 cm de largo, para incorporar en salsas o cocer con pescado.

Juliana: finas tiras de verdura con bordes de 1 mm y una longitud de 5 a 7 cm, apropiadas para las recetas de patatas, para cocinar al vapor con pescado o como ingredientes en sopas y salsas.

Brunoise: finos dados de aproximadamente 1 mm, adecuados para aliños de ensaladas y salsas de pescado, para platos con alubias, lentejas y ragús, o guisadas con verduras enteras.

Los dados pequeños de ½ cm de lado son apropiados para sopas y guisos, y se cuecen en unos 15 minutos.

Los dados medianos de aproximadamente 1 cm de lado son adecuados para salsas que no necesitan mucho tiempo de cocción. Las verduras para pisto también se pueden cortar de este tamaño, al igual que para cocidos y sopas.

Los dados grandes, de 2 o 3 cm, se incorporan en asados y ragús o se hacen a la parrilla para acompañar salsas oscuras.

Verduras para sopa: verduras que se cortan solo en tres o cuatro trozos. Se usan en sopas y fondos que requieren un largo tiempo de cocción, para que así la verdura no se recueza.

Mirepoix, pequeño: la verdura se corta en dados de tamaño medio. Parta en dos los dientes de ajo sin pelar. La cantidad de cebollas o chalotes empleados debe ser siempre la mitad con respecto al resto de hortalizas de raíz (apio, zanahorias, apionabo o chirivía). El mirepoix pequeño o las verduras a la parrilla se utilizan en la preparación de platos de crustáceos o con salsas de aves.

Mirepoix, grande: pele la verdura y córtela en dados grandes de unos 3 cm. Parta en dos los dientes de ajo sin pelar. Se aplica la misma proporción del mirepoix pequeño. El mirepoix grande es adecuado para salsas de carnes, caldos de verdura o para marinar carne de caza.

Tabla de tiempos de cocción

Producto	Forma	Método	Temperatura	Tiempo
Acelga	hoja	sartén	media	5 minutos
Acelga	tallo	sartén	media	8 minutos
Alcachofa (alcaucil)	en cuartos	sartén	media	12 minutos
Alcachofa (alcaucil)	en rodajas	sartén	media	8 minutos
Alcachofa (alcaucil)	enteras	en agua	ebullición	35 minutos
Alubias (porotos) grandes	enteras	en agua	ebullición	2 minutos
Berenjena	dados grandes	sartén	media	8 minutos
Berenjena	en rodajas	parrilla	alta	10 minutos
Boleto	en rodajas	sartén	alta	5 minutos
Brécol (brócoli)	en cabezuelas	sartén	media	15 minutos
Brécol (brócoli)	entero	en agua	ebullición	20 minutos
Calabacín (zucchini)	bastones	en agua	ebullición	15 segundos
Calabacín (zucchini)	en rodajas	sartén	media	6 minutos
Calabacín (zucchini)	juliana	en agua	ebullición	10 segundos
Calabacín (zucchini)	dados pequeños	sartén	media	15 segundos
Champiñón	en rodajas	sartén	alta	4 minutos
Coliflor	en cabezuelas	sartén	media	15 minutos
Coliflor	entera	en agua	ebullición	25 minutos
Colmenillas	enteras	sartén	media	6 minutos
Espinacas	enteras	sartén	media	5 minutos
Espárrago blanco	en trozos	sartén	media	8 minutos
Espárrago blanco	entero	en agua	ebullición	10 minutos
Espárrago verde	en trozos	sartén	media	5 minutos
Espárrago verde	entero	en agua	ebullición	6 minutos
Guisantes (chícharos)	sin vaina	en agua	ebullición	2 minutos
Hinojo	bastones	sartén	media	2 minutos
Hinojo	entero	horno	180 °C	50 minutos
Hinojo	dados pequeños	sartén	media	1 minuto
Judías (porotos) verdes	enteras	en agua	ebullición	2 minutos
Pepino	en rodajas	sartén	media	6 minutos
Pepino	entero	horno	160 °C	20 minutos
Pimiento (morrón)	bastones	sartén	media	10 minutos
Pimiento (morrón)	dados pequeños	sartén	media	3 minutos
Puerro	en aros	sartén	media	2 minutos
Puerro	juliana	sartén	media	1 minuto
Puerro	para sopa de verduras	en agua	ebullición	20 minutos
Rebozuelo	entero	sartén	alta	3 minutos
Repollo	en cuartos	horno	160 °C	45 minutos
Repollo	en tiras	cazuela con tapa	media	35 minutos
Repollo	en tiras	sartén	alta	10 minutos
Tirabeque	entero	sartén	media	1 minuto
Tomate	entero	horno	160 °C	25 minutos
Tomate	dados pequeños	sartén	media	1 minuto
Zanahoria	dados pequeños	en agua	ebullición	5 segundos
Zanahoria	en rodajas	sartén	media	6 minutos
Zanahoria	juliana	en agua	ebullición	10 segundos

3 zanahorias pequeñas

 1 puerro pequeño

 2 tallos de apio

 ½ calabacín (zucchini)

 2 cebolletas (cebolla de verdeo)

 8 tomates cherry

 1 diente de ajo

 4 cucharadas de aceite de oliva

 una pizca de sal,
una pizca de pimienta

 ½ cucharadita de semillas de hinojo

 1,5 l de caldo de verdura

 1 cucharada de albahaca
fresca picada

1 cucharadita de orégano fresco

80 g de parmesano

Sopa italiana de verduras

1. Limpie, pele y lave las verduras y córtelas en dados de ½ cm. Cuartee los tomates. Pele el diente de ajo y píquelo fino.

2. Caliente el aceite en una cazuela, introduzca el ajo y dórelo un poco. Añada la cebolleta y el puerro y rehóguelos ligeramente.

3. Agregue el resto de la verdura, excepto el tomate, y rehóguela, pero sin dejar que se dore. Sazónela con sal, pimienta y el hinojo machacado.

4. Incorpore el tomate y rocíelo todo con el caldo. Déjelo cocer a fuego lento unos 10 minutos.

5. Por último, añada la albahaca y el orégano a la sopa y sírvala de inmediato.

Espolvoree la sopa con parmesano rallado al gusto.

*** 40

■ Si el diente de ajo tiene ya un tallo verde en el interior, retírelo con la punta de un cuchillo, puesto que, cuando se cuece, resulta amargo y picante.

1 diente de ajo

 9 cucharadas de aceite de oliva virgen extra

 1 pepino

 2 pimientos (morrones) rojos

 ½ cebolla

 ¾ l de zumo (jugo) de tomate

 una pizca de sal, una pizca de pimienta

 2 cucharadas de vinagre de vino tinto

Gazpacho

1. Para preparar el aceite al ajo, pele el ajo y tritúrelo con un prensador; mézclelo con 5 cucharadas de aceite de oliva; remuévalo.

2. Lave el pepino y pélelo. Quite las semillas de los pimientos, lávelos y cuartéelos. Pele la cebolla y corte toda la verdura en trozos de 2 cm.

3. Introduzca la verdura en una batidora.

4. Rocíela con el zumo de tomate.

5. Salpiméntelo. Añada 2 cucharadas de vinagre y 4 de aceite.

6. Tritúrelo bien en la batidora 1 minuto.

7. Transfiéralo a un bol y guárdelo en el frigorífico aproximadamente 1 hora para que se enfríe bien.

Justo antes de servirlo, rocíe el gazpacho con algo de aceite al ajo. Coloque en el bol un recipiente alto con cubitos de hielo. De este modo, el gazpacho se mantendrá frío en la mesa más tiempo.

■ En verano emplee a ser posible tomates blandos y maduros en lugar de zumo de tomate.

2 cebolletas (cebollas de verdeo)

 2 ramitas de perejil

 400 g de níscalos

 1 diente de ajo

 3 cucharadas de aceite vegetal

 una pizca de pimienta,
½ cucharadita de sal

 ½ cucharadita de comino

 4 rebanadas de pan de centeno negro

Setas asadas sobre pan con ajo y comino

1. Limpie, lave y corte las cebolletas en aros. Lave el perejil, sacúdalo para que se seque y píquelo fino.

2. Lave las setas y corte los tallos. Dispóngalas cabeza abajo en una sartén.

3. Pele el ajo y píquelo. Rocíe las setas con el aceite y áselas a fuego lento.

4. Esparza por encima las cebolletas, el ajo y el perejil, y salpimiente. Pique el comino con algo de aceite y añádalo.

Retire las setas con un poquito de aceite de la sartén y sírvalas sobre las rebanadas de pan.

 20

■ Como los níscalos no se encuentran siempre en el mercado, también puede usar champiñones laminados, champiñones ostra, setas shiitake o setas de cardo.

350 g de harina

 2 cucharaditas de levadura

 3 huevos

 400 ml de cerveza

 150 ml de aceite vegetal

 ½ cucharadita de sal

 3 calabacines (zucchinis)

 4 ramitas de tomillo

 200 g de yogur (yoghurt)

 ½ limón

 una pizca de sal,
1 piza de pimienta

2 l de aceite de cacahuete (maní)

Tempura de calabacín al tomillo con salsa de yogur

1. Tamice la harina en un bol y mézclela con la levadura. Separe los huevos y añada las yemas. Agregue poco a poco la cerveza y remuévalo todo con unas varillas hasta obtener una masa homogénea. Luego, incorpore el aceite vegetal para que la masa quede crujiente. Bata las claras con sal casi a punto de nieve y mézclelas despacio con la masa.

2. Lave los calabacines y córtelos en rodajas de 1 cm de grosor. Agréguelos a la mezcla anterior junto con las hojas de tomillo. Sazone el yogur en un bol con el zumo de limón, salpimiéntelo y remueva hasta que no queden grumos.

3. Caliente el aceite de cacahuete en un cazo grande a 160 ºC. Fría los calabacines rebozados hasta que se doren por ambos lados. Deje que escurran el exceso de aceite sobre papel de cocina y écheles una pizca de sal.

Dispóngalos con la salsa de yogur sobre una fuente y sírvalos.

■ El rebozado puede prepararse igualmente con vino blanco o agua mineral. Si reboza hojas de albahaca o salvia en la masa, obtendrá un delicioso aperitivo.

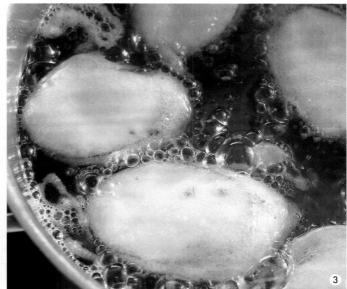

½ manojo de cilantro (culantro)

 1 naranja sin tratar

 300 g de mijo cocido

 1 huevo

 120 g de nata (crema)

 2 cucharadas de pan rallado

 una pizca de sal

 una pizca de pimienta blanca

 2 cucharadas de aceite de oliva

Albóndigas de mijo con cilantro y corteza de naranja

1. Lave el cilantro y píquelo grande. Pele 2 o 3 tiras de la corteza de naranja e introdúzcalas 1 minuto en agua hirviendo con sal. Páselas por agua fría y córtelas en tiras finas.

2. Disponga el mijo en un bol. Añada el huevo, la nata y el pan.

3. Agregue las tiras de naranja y el cilantro. Salpimiéntelo.

4. Mézclelo todo con cuidado y forme pequeñas albóndigas con las manos húmedas. Presiónelas bien a fin de que no se deshagan al freírse.

5. Dórelas a fuego lento por ambos lados en una sartén antiadherente con algo de aceite de oliva.

Sirva las albóndigas en platos, acompañadas de ensalada verde y gajos de naranja.

■ El mijo cocido puede reemplazarse con cuscús o quinoa. Ralle finamente la corteza de naranja e incorpore a la masa algo de jengibre fresco también. Luego, prepare las albóndigas tal y como se indica en la receta.

250 g de carne picada mezclada

 150 g de queso feta

 1 huevo

 2 cucharadas de pan rallado

 3 cebolletas (cebollas de verdeo)

 1 cucharada de albahaca en tiras

 ½ cucharadita de sal,
una pizca de pimienta

 1 cucharadita de orégano seco

 2 berenjenas grandes

 4 cucharadas de aceite de oliva

½ l de zumo (jugo) de tomate

1 cucharada de azúcar

Berenjenas rellenas con queso feta y orégano

1. Disponga la carne picada junto con el queso desmenuzado, el huevo y el pan en un bol grande. Añada las cebolletas cortadas en aros, la albahaca, la sal, la pimienta y el orégano.

2. Mezcle los ingredientes con las manos. Asegúrese de no amasarlos, para que más tarde los trozos de queso sean aún reconocibles.

3. Deseche el tallo de las berenjenas. Córtelas longitudinalmente por la mitad y recorte un poco la curva exterior, a fin de que se asienten mejor y no vuelquen.

4. Extraiga el interior de las berenjenas con una cucharilla.

5. Introduzca las berenjenas en una fuente de horno untada de aceite de oliva y rellénelas con la masa. Cocínelas aproximadamente 45 minutos en el horno precalentado a 180 °C. Rocíelas de cuando en cuando con agua y con el jugo que suelten. Mezcle el zumo de tomate con azúcar, sal y pimienta y échelo por encima. Cocínelas otros 15 minutos.

Sirva media berenjena en cada plato junto con la salsa.

■ Con el mismo relleno puede preparar y asar también calabacines, pimientos o pepinos.

1 cebolla

 700 g de coliflor

 ½ manojo de cilantro (culantro)

 6 cucharadas de aceite vegetal

 1 cucharadita de comino

 6 vainas de anís estrellado

 una pizca de sal,
una pizca de pimienta

 150 ml de agua

 180 g de tomates cherry

1

Coliflor al estilo ayurveda con tomates y comino

1. Pele la cebolla y córtela en pequeños dados. Separe la coliflor en cabezuelas pequeñas. Lave el cilantro y píquelo.

2. Caliente 4 cucharadas de aceite vegetal en una cacerola. Agregue el comino y el anís y deje que se tuesten ligeramente a fin de intensificar el aroma. No deje que se tuesten demasiado para evitar que las especias se quemen y amarguen o pierdan sabor.

3. Incorpore la coliflor y salpimiéntela. Rehóguela despacio unos 5 minutos;

luego, rocíela con el agua y déjela estofar otros 5 minutos con la tapa cerrada hasta que el líquido se haya evaporado.

4. Después, lave los tomates y agréguelos. Deje que se frían despacio durante 5 minutos. Caliente el aceite restante en una sartén, añada la cebolla y dórela.

Sirva la coliflor en platos y esparza por encima la cebolla con el cilantro.

■ Acompañe con una ligera salsa de yogur y canela fría. En lugar de coliflor, también puede preparar brécol, colinabo o zanahorias. Con esta receta, las verduras tienen un sabor totalmente diferente y resultan especialmente aromáticas.

600 g de cantarelas

 2 chalotes (echalotes)

 40 g de mantequilla (manteca)

 una pizca de sal,
una pizca de pimienta

 una pizca de nuez moscada
recién rallada

 ½ ramita de perejil

 200 g de nata (crema)

 2 cucharadas de crème fraîche

 ½ limón

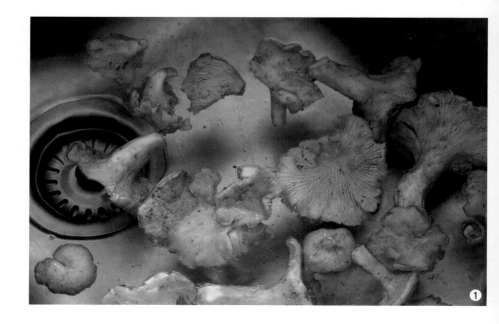
①

Ragú de setas con nuez moscada y perejil

1. Use un cuchillo pequeño para eliminar los restos de suciedad y tierra de las cantarelas y lávelas brevemente en agua fría sin que lleguen a empaparse. Séquelas de inmediato con papel de cocina.

2. Corte las setas grandes en rodajas de ½ cm de grosor. No corte las pequeñas. Pele los chalotes y píquelos finamente.

3. Derrita la mantequilla en un cazo ancho y rehogue los chalotes sin dejar de remover con una cuchara de madera hasta que queden transparentes.

4. Añada las setas, sazónelas con sal, pimienta y nuez moscada y deje que se cuezan de 2 a 3 minutos. Entretanto, lave el perejil, elimine los tallos y píquelo fino.

5. Ahora, agregue la nata y la crème fraîche y deje que cueza a fuego lento unos 5 minutos. Por último, sazone con el zumo del limón, espolvoree el perejil y sírvalo.

■ También puede preparar de este modo otras setas silvestres, como boletos, boletos bayo, boletos de abedul, boletos cetrinos o colmenillas. Asimismo puede mezclar las setas al gusto y servirlas acompañadas de albóndigas de pan como plato principal.

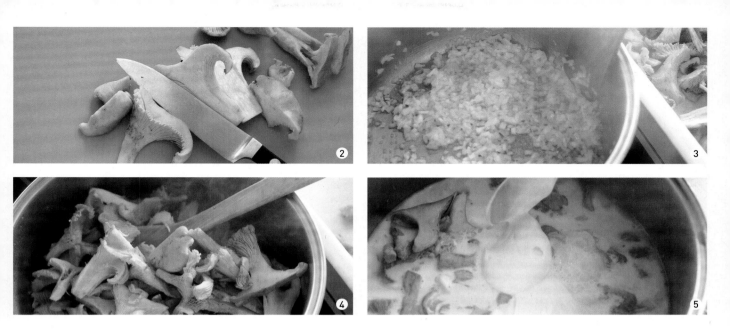

300 g de berenjenas

300 g de calabacines (zucchinis)

100 g de cebollas

2 pimientos (morrones) verdes

1 pimiento (morrón) rojo

220 g de hinojo

4 dientes de ajo

½ cucharadita de semillas de hinojo

5 cucharadas de aceite de oliva

3 ramitas de tomillo

3 ramitas de romero

una pizca de sal

1 hoja de laurel

una pizca de pimienta

400 g de tomates pelados en conserva

1 tallo de albahaca

Pisto

1. Corte toda la verdura en dados de 2 cm. Pele el ajo y píquelo fino. Riegue las semillas de hinojo con algo de aceite de oliva y píquelas también. Elimine el tallo del tomillo y el romero. Caliente el resto del aceite en una cazuela. Incorpore las berenjenas, sazónelas con sal y sofríalas unos 5 minutos.

2. Aparte las berenjenas a un lado de la cazuela. Añada el ajo en la parte libre y dórelo.

3. De igual modo, deposite el resto de la verdura en ese mismo lado y deje que se dore unos 2 minutos.

4. Después, incorpore el laurel, el tomillo, el romero y el hinojo; mézclelo todo, salpimiéntelo y rehóguelo otros 5 minutos.

5. Haga algo de sitio en el centro de la cazuela e incorpore los tomates con su jugo; cuézalos a fuego lento otros 15 minutos. Remueva con frecuencia a fin de que la verdura no se queme. Si es necesario, rocíela con algo de agua.

Sirva el pisto y decórelo con la albahaca.

■ También puede variar las proporciones de verduras y prepararlas al gusto. Si se cortan en dados de ½ cm de grosor, puede usar cucharas grandes para darles forma de pastelillos y disponerlos sobre el plato decorativamente.

2 pimientos (morrones) rojos

 1 pimiento (morrón) verde

 3 cebollas tiernas

 500 g de patatas (papas)

 2 dientes de ajo

 la corteza de 1 limón

 ½ cucharadita de comino

 3 cucharadas de aceite vegetal

 2 cucharadas de pimentón dulce

 una pizca de sal,
una pizca de pimienta negra

 1,2 l de caldo de verduras

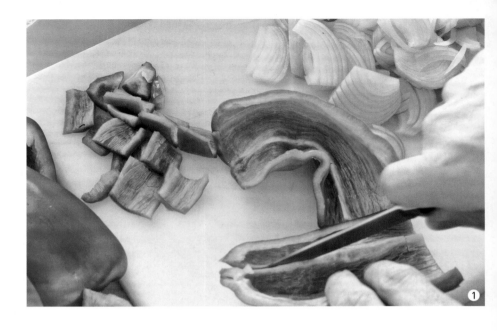

Gulash de verduras

1. Parta los pimientos por la mitad, retire el corazón y límpielos. A continuación, córtelos en trozos de unos 2 cm. Pele las cebollas, pártalas por la mitad y píquelas en dados grandes. Pele las patatas, córtelas en trozos de unos 2 cm y resérvelas en agua fría para que no ennegrezcan. Pele los dientes de ajo y píquelos bien junto con la corteza de limón. Rocíe el comino con un poco de aceite y píquelo.

2. Caliente el aceite en un cazo y sofría la cebolla. Escurra bien la patata para que no quede agua. Añádala a la cebolla y déjela dorar a fuego lento 5 minutos.

3. Incorpore el ajo, la corteza de limón, el comino y el pimentón sobre las patatas y sofríalo un poco.

4. Después, agregue el pimiento. Salpiméntelo y rehóguelo a fuego medio unos minutos.

5. Vierta el caldo y cuézalo a fuego lento unos 25 minutos, removiendo de vez en cuando.

Sirva el gulash en platos hondos y acompáñelo con pan de centeno.

■ En lugar de pimiento rojo y verde, puede utilizar también calabacines y tomates cherry.

55

200 g de harina

140 g de mantequilla (manteca)

½ cucharadita de sal

4 huevos

1 cucharada de agua

250 g de puerros

100 g de panceta en lonchas (fetas)

una pizca de pimienta

150 g de nata (crema)

una pizca de nuez moscada recién rallada

200 g de gruyer (queso gruyer)

Quiche lorraine con puerros

1. Tamice la harina sobre una encimera. Mezcle 100 g mantequilla fría en trocitos y sal con la harina. Añada un huevo y el agua y amáselo todo con rapidez hasta conseguir una masa homogénea, para que la mantequilla no se caliente demasiado y que en la masa no se formen burbujas al hornearse. Cúbrala con film transparente y déjela reposar en el frigorífico media hora. Luego, colóquela sobre una superficie enharinada y extiéndala uniformemente con un rodillo hasta que tenga un grosor de unos 3 mm. Espolvoree harina de tanto en tanto mientras trabaja para que la masa no se pegue a la encimera.

2. Coloque un molde ovalado sobre la masa extendida y compruebe si esta tiene el tamaño suficiente.

3. Unte el molde con 10 g de mantequilla. Enrolle la masa en el rodillo y desenróllela en el molde. De este modo, no se romperá.

4. Apriete la masa en los bordes y recorte los restos que sobresalgan. Luego, pínchela con un tenedor para que no se formen burbujas y se hornee de manera uniforme. Guarde el molde de momento en el frigorífico.

5. Limpie los puerros, elimine las hojas externas y corte los tallos en aros. Lávelos bajo el chorro de agua y escúrralos bien. Corte la panceta en tiras finas. Derrita el resto de la mantequilla en una sartén y rehogue brevemente la panceta. Añada el puerro. Salpiméntelo y déjelo cocer unos 5 minutos hasta que el puerro se haya deshecho y el líquido se haya evaporado.

+ 30 minutos de reposo

■ En lugar de puerros, también se pueden emplear champiñones o setas de ostra. La quiche también queda muy bien con pisto o pimientos e hinojo.

6. Mezcle en una jarra la nata con los huevos restantes, la sal, la pimienta y la nuez moscada. Ralle el queso y resérvelo.

7. Saque el molde del frigorífico y vierta dentro el relleno de panceta y puerro.

8. Reparta el queso sobre el relleno y vierta la mezcla de nata y huevo. Introdúzcalo de 15 a 20 minutos en el horno precalentado a 180 ºC.

Después, deje la quiche reposar brevemente, córtela en porciones y sírvala en platos.

1 diente de ajo

 4 cucharadas de aceite de oliva
virgen extra

 1 cucharadita de sal,
una pizca de pimienta

 900 g de tomates

 2 ramitas de romero

 250 g de mozzarella

 4 rebanadas de pan de molde seco

Gratinado de tomates con romero y mozzarella

1. Frote una fuente refractaria grande con el ajo, vierta 1 cucharada de aceite y salpimiente.

2. Pele los tomates (ver el consejo) y córtelos en rodajas de ½ cm. Colóquelos por capas en la fuente y salpimiéntelos.

3. Separe las hojas de romero y píquelas finamente. Corte la mozzarella por la mitad y luego en rodajas. Retire la corteza del pan; ralle la miga o tritúrela con la batidora o el robot de cocina. Reparta la mozzarella de forma homogénea entre las rodajas de tomate y espolvoréelo todo con romero.

4. Distribuya el pan rallado por encima del gratinado y rocíelo con el resto del aceite. Introduzca la fuente unos 30 minutos en el horno precalentado a 190 ºC.

5. El gratinado de tomate estará listo en cuanto el pan se haya dorado. Sírvalo en la misma fuente.

■ Para pelar los tomates, quíteles el pedúnculo, marque una cruz en la piel con un cuchillo y métalos durante 1 minuto en agua hirviendo. Tan pronto como la piel comience a soltarse, sáquelos, enfríelos en agua helada y pélelos.

350 g de zanahorias

 150 g de apio

 100 g de chalotes (echalote)

 1,2 kg de calabaza (calabaza bonetera)

 1 trozo grande de jengibre

 60 g de mantequilla (manteca)

 40 ml de aceite de oliva

 1 cucharadita de sal, una pizca de pimienta

 2 cucharadas de pimentón dulce

 1 cucharadita de curry

 80 g de kétchup

 2 hojas de laurel

 400 ml de caldo de ave

500 g de nata (crema)

500 ml de leche

una buena pizca de nuez moscada recién rallada

150 g de queso fontina

Gratinado de calabaza con pimentón

1. Corte las zanahorias, el apio y los chalotes en dados de ½ cm y la calabaza en dados de 2 cm. Pele el jengibre y rállelo fino.

2. Derrita la mantequilla junto con el aceite en una cazuela. Añada los chalotes y rehóguelos hasta que estén transparentes. Añada el apio y las zanahorias y rehóguelos también. Agregue la calabaza y sazónelo todo con sal, pimienta, jengibre y pimentón, y sofríalo todo ligeramente durante 5 minutos.

3. Aparte las verduras a los lados del cazo y vierta el kétchup en el hueco que quede. Sofríalo un poco y luego mézclelo con el resto.

4. Agregue el laurel y vierta el caldo. Déjelo cocer todo a fuego lento unos 5 minutos removiendo frecuentemente. Después, rocíelo con la nata y la leche y llévelo a ebullición. Cuézalo a fuego lento otros 5 minutos.

5. Retire el laurel. Condimente la mezcla con nuez moscada y repártala uniformemente en una fuente refractaria. Ralle el queso fino y espolvoréelo sobre el gratinado. Introduzca la fuente en el horno precalentado a 190 °C con circulación de aire unos 15 minutos. Procure que el queso no se dore demasiado; si fuera necesario, cúbralo con papel de aluminio.

■ Utilice calabaza moscada o Hokkaido, ya que son especialmente aromáticas. Acompañe el gratinado con patatas cocidas.

250 g de tomates cherry rojos

 50 g de tomates cherry amarillos

 500 g de tofu

 ½ manojo de albahaca tailandesa

 150 g de mazorcas de maíz (choclo) baby

 2 cucharadas de aceite de cacahuete (maní)

 1 cucharada de azúcar moreno (negro)

 1 cucharadita de pasta de curry rojo

 600 ml de leche de coco

 3 cucharadas de salsa de soja

Curry de tofu

1. Lave los tomates. Corte el tofu en dados de 3 cm. Lave la albahaca y arranque las hojas. Lave el maíz y pártalo diagonalmente en tres trozos.

2. Caliente el aceite en un cazo. Rehogue brevemente el azúcar y la pasta de curry, y añada la leche de coco. Después, vierta la salsa de soja y cuézalo todo a fuego lento durante 3 minutos.

3. Añada el tofu, los tomates y el maíz, y cuézalo todo lentamente otros 3 minutos removiendo a menudo.

4. Por último, añada casi todas las hojas de albahaca enteras.

Sirva el curry en cuencos y decórelo con el resto de la albahaca.

 25

■ Si le gusta el curry afrutado, puede incorporar asimismo pequeños dados de piña o mango. En lugar de albahaca tailandesa también puede utilizar cilantro. Asimismo, las alubias y las berenjenas quedan muy bien en este plato. El arroz basmati es el acompañamiento ideal.

½ cucharadita de pasta de curry

 2 cucharadas de salsa de ostra

 250 g de seitán

 250 g de espárragos verdes

 500 g de brécol

 3 cucharadas de aceite

Brécol con espárragos y seitán

1. Introduzca la pasta de curry en un bol y mézclela con la salsa de ostra para elaborar un adobo.

2. Corte el seitán en tiras de un dedo de grosor. Lave los espárragos, pele las partes duras, retire los extremos de los tallos y córtelos en trozos de 5 cm. Limpie el brécol, lávelo y córtelo en pequeñas cabezuelas.

3. Macere el seitán en el adobo unos 15 minutos.

4. Caliente el aceite en una sartén y primero rehogue el brécol. Luego, incorpore los espárragos y rehóguelo todo.

5. Por último, añada el seitán y remuévalo todo bien.

Sírvalo en cuencos.

■ Puede elaborar este plato asimismo con otras verduras, como acelgas, brotes de soja, puerros y cebolletas, así como con diversas hierbas aromáticas asiáticas. La albahaca tailandesa y el cilantro combinan especialmente bien. También se puede acompañar con arroz.

800 g de ñoquis

 700 g de yogur (yoghurt) desnatado (descremado)

 4 cucharadas de mezcla de especias tandoori

 el zumo (jugo) de 1 limón

 1 cucharadita de sal, una pizca de pimienta

 ½ l de leche

 2 cucharadas de mantequilla (manteca)

 200 g de queso feta rallado

 6 ramitas de cilantro (culantro), para decorar

Ñoquis gratinados en salsa de yogur tandoori

1. Lave los ñoquis. Vierta el yogur en un recipiente alto y añada la mezcla tandoori.

2. Incorpore el zumo de limón.

3. Salpimiente.

4. Vierta la leche y remuévalo todo bien con un tenedor.

5. Introduzca los ñoquis en una fuente refractaria untada con mantequilla, extiéndalos bien y riéguelos con la salsa tandoori hasta cubrirlos.

6. Espolvoree el queso feta uniformemente e introduzca la fuente en el horno precalentado.

7. Hornéelo unos 25 minutos a 180 °C. Los ñoquis estarán listos cuando el queso se haya dorado.

Sirva los ñoquis en la fuente y decórelos con el cilantro.

■ En lugar de mezcla de especias tandoori, también se puede usar curry en polvo o garam masala. Acompáñelo con una ensalada verde fresca.

3

4

5

6

7

600 g de polenta cocida

 6 cucharadas de aceite de oliva

 600 g de gorgonzola

 600 g de tomates pequeños en rama

 1 cucharadita de sal, una pizca de pimienta

 1 rama de orégano fresco

Polenta asada con tomates y gorgonzola

1. Corte la polenta fría en rectángulos de 15 x 8 cm. Úntelos por ambos lados con aceite de oliva.

2. Ase los rectángulos de polenta en una parrilla por ambos lados.

3. Entretanto, desmenuce el queso en pequeños trozos.

4. Quite el pedúnculo de los tomates y pártalos en cuatro. Coloque la polenta en una bandeja de horno plana untada con aceite y cúbralos con el tomate y el queso. Sazone con sal y bastante pimienta. Gratínelo en la parte superior del horno de 3 a 5 minutos, según la potencia del grill.

Sírvalo decorado con el orégano.

25

■ La polenta asada queda también deliciosa gratinada con espinacas rehogadas y queso gorgonzola. Otra sabrosa combinación son las berenjenas a la plancha con salsa de tomate un poco reducida y mozzarella. Por último, se decora con albahaca.

2 ñames

 2 l de aceite vegetal para freír

 una pizca de sal o

 una pizca de azúcar

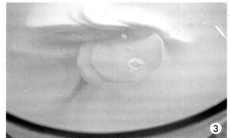

Chips de ñame caseros

1. Use un cuchillo para pelar fina la piel de los ñames.

2. Córtelo en láminas muy finas.

3. Introduzca las rodajas en agua fría 15 minutos para que suelten el almidón.

4. Después, aclárelas bien bajo el grifo.

5. Séquelas bien con un paño de cocina.

6. Caliente el aceite en una cazuela a 170 ºC y fría las rodajas hasta que queden crujientes.

7. Cuando estén bien doradas, sáquelas con una espumadera.

8. Extiéndalas sobre papel de cocina para que escurran el exceso de aceite.

Espolvoréelas con sal o azúcar al gusto y sírvalas en cuenquitos.

■ Acompañe los chips de ñame con una salsa ligera de hierbas aromáticas o una salsa de tomate picante.

35

750 g de patatas (papas) harinosas

 1 manojo de cebollino (ciboulette)

 1 huevo

 1 cucharada de crème fraîche

 una pizca de nuez moscada recién rallada

 20 g de mantequilla (manteca)

 una pizca de sal

 5 cucharadas de maicena

40 g de harina

1 cucharada de aceite vegetal

①

Tortitas de patata

1. Pele las patatas, cuézalas 20 minutos en agua con sal y páselas por un pasapurés. Lave el cebollino y córtelo en pequeños aros con un cuchillo afilado.

2. Forme un hueco en medio de la masa de patatas. Separe la clara de la yema e introduzca en el hueco la yema junto con la crème fraîche, la nuez moscada, el cebollino, la mantequilla, la sal y la maicena.

3. Mézclelo todo con las manos y forme un rollo alargado. Espolvoree cada poco con harina para que la masa no se pegue a las manos.

4. Corte el rollo en rodajas de 1,5 cm de grosor con un cuchillo enharinado.

5. Reboce ligeramente las rodajas en harina y deles forma de tortita con las manos.

6. Distribuya el aceite con papel de cocina en una sartén antiadherente y fría cada tortita unos 3 minutos por cada lado.

■ También puede agregar trocitos de panceta frita a la masa de patatas. Las tortitas de patata combinan bien con lomo de corzo o pierna de corzo asados, o con medallones de ternera acompañados de una salsa cremosa.

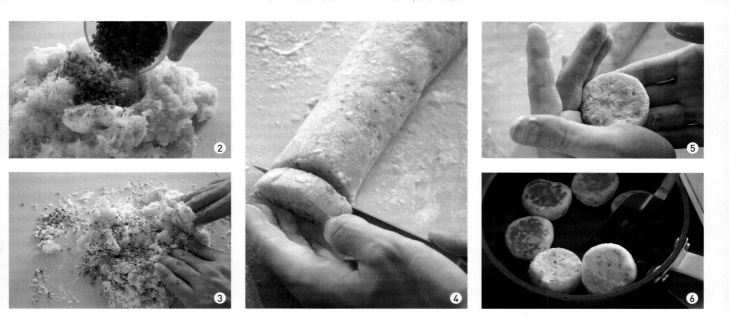

1,5 kg de patatas (papas)

 3 l de aceite vegetal

 1 cucharadita de sal

Patatas fritas

1. Pele las patatas y córtelas en grandes cubos. Elimine las esquinas para rectificar los lados.

2. Corte los cubos en tiras de 1 cm de grosor y lávelas a fondo en agua fría para que pierdan el almidón. Así, al freírlas quedarán bien crujientes.

3. Antes de freírlas, seque las tiras con un paño de cocina. Si se frieran húmedas, el aceite rebosaría y salpicaría.

4. Primero, fría las patatas frías en aceite vegetal a 140 ºC; no deje que se doren.

5. Sáquelas de la sartén con una espumadera y colóquelas en una bandeja para que se enfríen.

6. A continuación, fríalas por segunda vez a 180 ºC hasta que estén crujientes y doradas.

7. Sáquelas del aceite y deposítelas sobre papel de cocina para que escurran.

Sazónelas con sal y sírvalas como acompañamiento en un plato.

■ En Francia y Bélgica, las patatas fritas originales se siguen friendo en la actualidad con sebo (grasa) de vacuno o grasa de caballo, se secan en servilletas de tela previamente calentadas y se sirven en bandejas de plata calientes.

250 g de nata (crema)

 ¼ l de leche

 1,5 cucharaditas de sal,
una pizca de pimienta

 una pizca de nuez moscada recién
rallada

 2 dientes de ajo

 850 g de patatas (papas)

 10 g de mantequilla (manteca)

Patatas gratinadas

1. Hierva la nata y la leche en un cazo y sazónelo con sal, pimienta y nuez moscada. Añada el ajo con piel, que antes habrá machacado un poco, y déjelo reposar 10 minutos. Después, páselo por un colador fino.

2. Corte las patatas en rodajas de 1 mm de grosor o lamínelas con un pelador de verduras. Unte una fuente de horno con mantequilla.

3. Coloque las patatas formando capas en el molde y vierta por encima la crema de nata y leche.

4. Reparta uniformemente la mantequilla sobre el gratinado.

5. Cubra el molde con papel de aluminio y realice pequeños orificios con la punta de un cuchillo en el papel. Introduzca el molde en el horno precalentado a 190 ºC unos 20 minutos (con circulación de aire). Retire el papel de aluminio durante los últimos 10 minutos para que el gratinado adquiera una corteza dorada. También se puede utilizar queso, como gruyer o raclette.

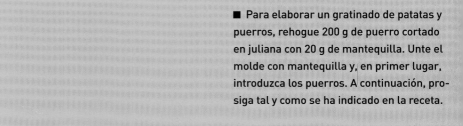

■ Para elaborar un gratinado de patatas y puerros, rehogue 200 g de puerro cortado en juliana con 20 g de mantequilla. Unte el molde con mantequilla y, en primer lugar, introduzca los puerros. A continuación, prosiga tal y como se ha indicado en la receta.

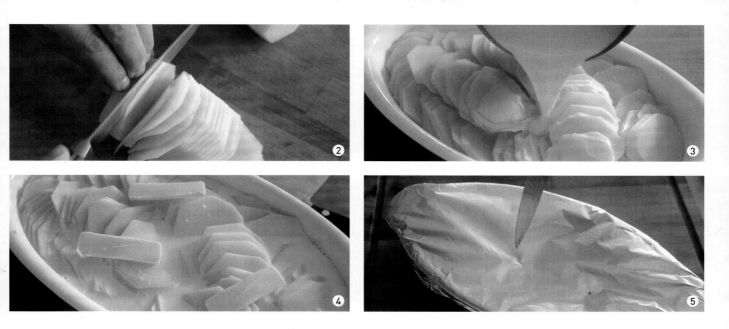

1 diente de ajo

 600 g de patatas (papas) firmes

 2 trozos de jengibre

 3 cucharadas de aceite vegetal

 ½ cucharadita de cúrcuma

 1 cucharadita de semillas de hinojo

 una pizca de nuez moscada recién rallada

 una pizca de sal

 20 hebras de azafrán

 400 ml de leche de coco

 1 ramita de menta

Patatas indias con azafrán y leche de coco

1. Pele el ajo y píquelo fino. Pele las patatas, córtelas en dados de 3 cm y resérvelas en agua fría para que no se ennegrezcan. Pele el jengibre y córtelo en tiras finas. Caliente el aceite en un cazo alto y añada el ajo, el jengibre, la cúrcuma y el hinojo. Rehóguelo todo brevemente.

2. Agregue las patatas, sazónelas con la nuez moscada y sal, y rehóguelas en torno a 1 minuto.

3. Luego, incorpore el azafrán y rehóguelo brevemente.

4. Vierta la leche de coco, cúbralo con la tapa y deje que se cueza a fuego lento unos 20 minutos. Remueva de cuando en cuando y, en caso necesario, rocíelo con agua para que las patatas no se peguen.

Por último, sirva las patatas en un cuenco y decórelas con hojas de menta.

■ En lugar de las diferentes especias indicadas, también se puede utilizar garam masala, una mezcla india de especias. Contiene numerosos aromas y es fácil de utilizar. Puede sustituir la mitad de las patatas por garbanzos cocidos. Esta alternativa combina bien con brotes de cebolla.

1 kg de patatas (papas) harinosas

 1 cucharada de sal

 150 g de mantequilla (manteca)

 300 ml de leche entera

 una pizca de nuez moscada

Puré de patatas casero

1. Pele las patatas y pártalas por la mitad. Introdúzcalas en una cazuela, cúbralas con agua y añada sal. Llévelas a ebullición y cuézalas unos 25 minutos hasta que estén bien blandas.

2. Escurra el agua y vuelva a introducir las patatas en la cazuela. Déjelas al fuego el tiempo necesario para que se evapore todo el líquido y las patatas estén bastante harinosas.

3. Machaque las patatas con una cuchara de madera.

4. Continúe haciéndolo hasta que se haya formado una masa casi uniforme.

5. Corte la mantequilla fría en rodajas, agréguela y mézclelo todo bien con la cuchara de madera.

6. El puré debe absorber por completo la mantequilla.

7. Hierva la leche y viértala poco a poco en el puré.

8. Por último, sazónelo con nuez moscada y sal.

9. Es importante no usar varillas para elaborar el puré, ya que espesaría demasiado.

**
***40

■ En vez de refinar el puré de patata con mantequilla, también se puede usar aceite de oliva, en cuyo caso es imprescindible utilizar un aceite virgen de buena calidad.

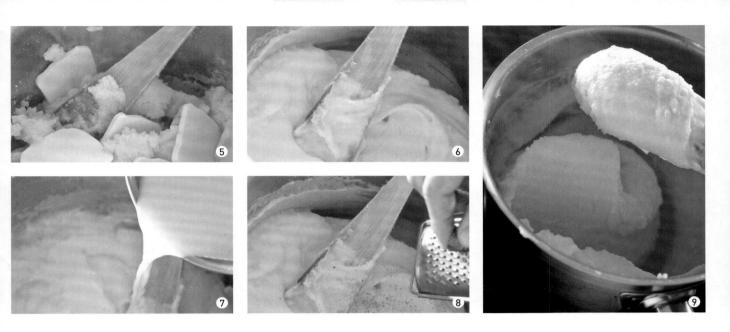

 600 g de zanahorias

30 g de mantequilla (manteca)

una pizca de azúcar

una pizca de pimienta blanca

200 ml de agua mineral Vichy

Zanahorias al estilo Vichy

1. Pele las zanahorias y córtelas en rodajas finas. Las más adecuadas son las zanahorias tiernas con hoja, que tienen un sabor dulce y fresco.

2. Derrita la mantequilla en una cazuela e incorpore las zanahorias. Añada el azúcar y la pimienta y rehóguelo brevemente. Vierta el agua mineral hasta cubrir las zanahorias y llévelas a ebullición.

3. Cueza las zanahorias tapadas unos 10 minutos hasta que el líquido se haya evaporado casi por completo. Entretanto, remueva a fin de que las zanahorias se hagan uniformemente.

25

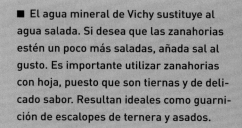

■ El agua mineral de Vichy sustituye al agua salada. Si desea que las zanahorias estén un poco más saladas, añada sal al gusto. Es importante utilizar zanahorias con hoja, puesto que son tiernas y de delicado sabor. Resultan ideales como guarnición de escalopes de ternera y asados.

2 chalotes (echalotes)

 500 g de espinacas

 40 g de mantequilla (manteca)

 una pizca de sal,
una pizca de pimienta

 una pizca de nuez moscada
recién rallada

 1 diente de ajo

Espinacas hervidas

1. Pele los chalotes y córtelos en pequeños dados. Limpie las espinacas y elimine los tallos. Derrita la mantequilla en una cazuela, añada los chalotes y rehóguelos brevemente.

2. Añada las espinacas, salpimiéntelas y sazónelas con la nuez moscada. Deje que se cuezan unos 3 minutos o hasta que se haya evaporado el líquido.

3. Pele el ajo y clávelo en un tenedor. Remueva con él las espinacas para conferirles solo un ligero aroma a ajo.

Sirva las espinacas como guarnición para carne guisada al estilo vienés, lenguado asado o cualquier otro pescado de agua salada.

■ **Espinacas a la crema:** añada 100 ml de nata líquida a 500 g de espinacas y llévelo todo a ebullición. Mézclelo bien con una batidora. Utilícelas como guarnición de patatas salteadas con huevo frito, carne guisada, medallones de ternera asados o rosbif con patatas al horno.

40 g de jamón de york
(jamón cocido)

 1 cebolla tierna

 20 g de mantequilla (manteca)

 150 g de tirabeques

 450 g de guisantes (chícharos)

 una pizca de sal

 una pizca de azúcar

 una pizca de pimienta blanca

 150 ml de caldo de ave

 ½ lechuga

 2 ramitas de menta

 20 g de mantequilla
(manteca) fría

①

Guisantes con lechuga y tiras de jamón

1. Corte el jamón longitudinalmente en tiras finas y la cebolla, en pequeños dados. Derrita la mantequilla en una cazuela. Añada el jamón y la cebolla y rehóguelo.

2. Limpie los tirabeques, retire el tallo y corte la vaina con dos cortes transversales. Agréguelos junto con los guisantes al jamón, mézclelo, y sazónelo con sal, azúcar y pimienta.

3. Rocíelo con el caldo, tape la cazuela y cueza unos 5 minutos.

4. Lave la lechuga y córtela en tiras. Corte la menta igualmente en tiras e incorpore ambas a los guisantes. Mézclelo con la mantequilla.

Salpimiéntelo y sírvalo en cuencos.

 40

■ Se recomienda utilizar guisantes frescos. Para 450 g de guisantes pelados, es necesario al menos el doble de cantidad de guisantes con vaina. Esta receta combina bien con aves, como pichones o pulardas, y con asados de ternera.

2 chalotes (echalotes)

 1 manojo de perejil

 1 diente de ajo

 600 g de habas gruesas

 40 g de mantequilla (manteca)

 una pizca de sal,
una pizca de pimienta

 una pizca de nuez moscada recién
rallada

Habas con ajo y cebolla

1. Pele los chalotes y córtelos en pequeños dados. Lave el perejil, elimine los tallos y píquelo fino. Pele el ajo y píquelo igualmente en dados finos. Lleve a ebullición agua en una cazuela, introduzca las habas y cuézalas 1 minuto. Cuélelas y enfríelas bajo el chorro del grifo.

2. Elimine la cáscara blanca de las habas. No es necesario pelar las que sean muy pequeñas.

3. Derrita la mantequilla en una sartén. Agregue los chalotes y el ajo y rehóguelos hasta que estén transparentes.

4. Añada las habas, salpimiéntelas y sazónelas con la nuez moscada.

5. Deje que se cuezan otros 2 o 3 minutos. Luego, añada el perejil, mézclelo y sírvalo en platos.

■ Para 600 g de habas peladas son necesarios 3 kg de vainas. Esta receta también puede elaborarse con judías de vaina amarilla, habichuelas o una mezcla de diferentes variedades de judías. Antes de nada, es necesario cocer las judías al dente en agua con sal.

Índice